JN440805

오늘의문학시인선 423

인생 다 거기가 거기

남낙현 제10시집

오늘의문학사

남낙현 제10시집

인생 다 거기가 거기

발 행 일 | 2018년 5월 20일
지 은 이 | 남낙현
발 행 인 | 李憲錫
발 행 처 | 오늘의문학사
출판등록 | 제55호(1993년 6월 23일)
주 소 | 대전광역시 동구 대전로 867번길 52(한밭오피스텔 401호)
전화번호 | (042)624-2980
팩시밀리 | (042)628-2983
전자우편 | hs2980@hanmail.net
카 페 | cafe.daum.net/gljang(문학사랑 글짱들)
cafe.daum.net/art-i-ma(아트매거진)

공 급 처 | 한국출판협동조합
주문전화 | (070)7119-1752
팩시밀리 | (031)944-8234~6

ISBN 978-89-5669-913-4
값 9,000원

* 이 도서의 국립중앙도서관 출판예정도서목록(CIP)은
서지정보유통지원시스템 홈페이지(http://seoji.nl.go.kr)와
국가자료공동목록시스템(http://www.nl.go.kr/kolisnet)에서 이용하실 수
있습니다. (CIP제어번호 : CIP2018014556)
* 이 책은 교보문고에서 E-Book(전자책)으로 제작 · 판매합니다.

인생 다 거기가 거기

권두언

열 번째 시집을 펴내며

초등학교시절에는 아주 평범한 아이였다. 늘 공부는 뒷전이었고 노는데 정신이 팔려 숙제도 제대로 못 해가는 개구쟁이였다. 중 1때 어디서 구했는지 기억조차 가물거리지만 '바닷가 게들'이라는 윤부현 동시집 표지가 너덜너덜해질 정도로 읽고 또 읽었다. 난생 처음으로 접했던 시집이 바로 이 시집이었다. 이 때부터 혼자서 글을 끄적 끄적 쓰기 시작했다. 중 2때에는 베트남 전쟁이 한창일 때라 학교에서 파월장병에게 위문편지를 단체로 보냈는데 글 솜씨가 뛰어나서(?) 그런지 답장이 왔다. 이 일을 계기로 편지를 주고 받았던 당시 육군중사가 사촌매형이 되는 인연을 맺기도 했다. 중3때에는 전교회장에 출마한 친구의 선거운동원이 되어 전교생이 모인 자리에서 찬조연설을 하는 끼(?)도 발휘하기도 하였다.

고등학교 시절 '석련문학회'에 가입하여 '문학의 밤'에 출연 시낭송을 하였으며 교내 웅변대회에 나가기도 하였다. 고교 1학년 때(1972년) 개교 50주년이라서 시내 호서극장에서 예술제가 열렸는데 '내 고향 지토리'라는 자작시를 낭송하여 '지토리' 라는 별명을 얻기도 하였다. 관현악 합주, 합창, 보디빌딩, 시낭송, 독창 등 다양한 프로그램이 진행되었는데 1학년

임에도 불구하고 마지막 순서가 내 시낭송이었다. 1학년 짜리가 예술제 피날레를 멋지게 장식했다고 많은 박수를 받아 일약 교내 스타(?)가 되었다. 지금도 고등학교 시절 친구들을 만나면 내 이름을 기억하지 못하는 친구들이 나를 가리켜 '지토리'라고 부른다.

고2가 되면서 대입준비를 하느라 시를 통 쓰질 못하다가 교대에 진학, '석초문학회'에 가입하면서 처음으로 시인이셨던 지도교수의 지도도 받아보았다. 대학 시절에는 웅변을 했던 경험으로 교내방송국 아나운서를 지내기도 하였다. 가정형편으로 2년제 교대에 진학하여 초등교원이 되었지만 국문학을 전공했더라면 내 인생의 판도가 달라졌을 것이다. 그러나 후회는 없다. 1979년 첫 발령을 받은 후에는 혼자서 끙끙거리며 작품을 쓸 수밖에 없었다. 7전8기(七顚八起)의 오기로 절치부심(切齒腐心) 습작을 하며 10년 도전 끝에 신춘문예에 당선되었으며, 문예지 신인상도 받았다. 그 당시에는 우리나라에 문예지가 20여종 밖에 없어 문예지로 등단하는 것도 그리 쉽지도 않았다. (계속되는 이야기는 지면관계상 생략하였으니 이 시집 123쪽에 실린 '숨겨왔던 비밀 하나'에서 이어지니 꼭 읽어보길 바란다.)

평생 30권 이상의 저서를 펴내는 것과 개인 문학관을 세우는 것이 내 꿈이며 목표다. 등단이후 2년마다 1권씩 저서를 펴내 현재 16권의 저서를 펴냈으며, 정년 퇴직후에도 계속하여 14권의 저서를 더 펴내야 된다. 또한 문학관도 세워야 하니 퇴직 후에도 마냥 세월아 네월아 하며 여생을 허비하며 보

낼 수 없다. 열 번째 시집을 펴내며 나의 꿈을 세상에 밝히는 것은 '선포 효과'를 기대하기 위함이다.

「내 인생, 우물쭈물 거리다 내 이렇게 끝날 줄 알았다.」

1925년 노벨문학상을 수상한 아일랜드 극작가 조지 버나드 쇼(1885-1950)의 묘비명처럼 되지 않기 위해서는 정년 퇴직이후에도 한시라도 우물쭈물 거릴 시간이 없다. 올해로 교직생활은 40여 년째, 문단생활은 30여 년 째가 된다. 교직생활은 정년으로 마감을 짓지만 창작활동은 이제 본격적으로 다시 시작할 수 있는 터닝 포인트가 되는 셈이다. 작가에게는 넉넉한 시간 확보가 필수다. 널널한 자유시간을 어떻게 작품활동에 요긴하게 활용하느냐에 따라 내 문학 인생의 성패가 갈리게 될 것이다. 이제 제2라운드 인생이 시작되는 가슴 설레이는 순간이 온 것이다.

정말 우물쭈물 거릴 시간 없다.

「인생 금방이다.」

목차

제3부 꽃 도둑

제4부 얼굴 보약

제5부 어머니의 시계

제6부 첫눈이 오는 날엔

제7부 널리 애송되는 대표작

제8부 2008년 목포해양대학교 해양시비공원 건립시비

제9부 교가 작사

제 1 부

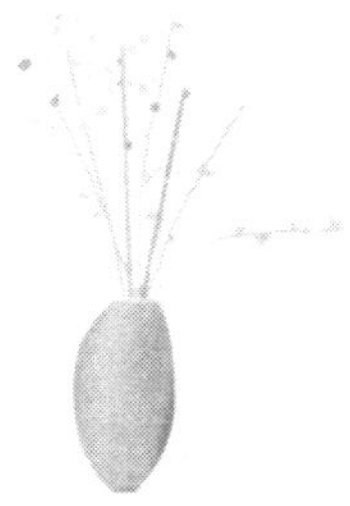

인생

다 거기가 거기

참 좋은 아침

어느 봄날
내 생각의 뒤란에
살랑살랑 찾아드는
아침 햇살 한 줌

밤새 먼 바다를 건너온 바람
내 앞에 멈추어 서서
들꽃처럼 환하게
미소 짓는다.

아! 생각만 해도
생기가 절로 돋고
저절로 기분이 좋은 아침

봄꽃이 피면

해마다 봄이 되면
남녘에서 산수유, 벚꽃이 피기 시작했다는
소식이 들려온다.

진달래, 개나리, 영산홍, 배꽃, 사과꽃, 복사꽃들이
저마다 아름다운 자태를 뽐내며 피어난다.

봄꽃이 지고 나면
꽃이 진 자리에 열매가 돋지만
무슨 나무인지 도무지 알 수가 없다.

나무는 자신의 존재를 꽃으로 알린다.
그래서 꽃은 나무의 얼굴이다.

봄에 피는 꽃들은
겨우내 겨울잠에 흠뻑 취해 있어도
제 이름을 기억하고 꽃을 피운다.

작년에 사다가 심어 놓은
손가락만한 아기 매화나무 한 그루
가지마다 연분홍 매화꽃을 피웠다.
누가 가르쳐주지 않아도
제가 매화나무인 것을 까먹지 않은 모양이다.

그런 것들을 보면
별 것 아닌 나무들도
참 대견하다는 생각이 든다.

솔바람 소리 · 1

— 松韻(송운)

높은 산봉우리를
넘고 넘어
소나무 숲 사이를 지나
내 콧등을 간지럽히며
은은하게 퍼지는
잔잔한 물소리 같은
솔바람 소리

솔바람 소리 · 2

— 松濤(송도)

먼 바다를 건너 온 바람
소나무 숲 속으로 숨어들며
쏴쏴쏴
파도소리를 내며
가냘픈 종소리처럼
울려 퍼지는
솔바람 소리

솔바람 소리 · 3

— 松雷(송뢰)

세파에 지친 내 영혼이
억새꽃처럼
아무런 힘도 없이 간당거릴 때
세상 근심 걱정 모두 벗어놓고
정신이 번쩍 들도록
우르르 꽝
내 머리 속을 강타하는
우뢰와 같이 하늘에 울려 퍼지는
솔바람 소리

벚꽃 터널

내가 근무하고 있는
세종시 쌍류초등학교 부근에는
고북저수지가 있다.
저수지를 따라
2.4Km 꼬불꼬불 이어진
도로 양옆에는 벚꽃 터널이 있다.
햇살을 받으면
더욱 눈이 부시게 빛이 나는 벚꽃
벚꽃 아래에 서면
간간이 떨어지는 벚꽃 잎들이
나풀나풀 눈송이같다.
벚꽃 터널 안을 걷노라면
신선들이 사는 세상에 온 듯하다.
무릉도원에 와 있는 것 같다.

봄비

겨우내
바짝 말라버린 고목나무
추운 한 겨울 내내 몸을 사리면서
죽은 척 하며 겨울잠을 잔다.
이른 봄 가는 빗줄기들이
추적추적 내리고
나무들이 일제히
겨울잠에서 깨어난다.
어느새 봄이 왔다고 봄소식을 전해주는데
나갈까요? 말까요?
나갈까요? 말까요?
새싹들이 두꺼운 나무껍질 속에 숨어
실눈을 뜨고 빼끔 밖을 내다본다.
온통 새싹들이
내리는 봄비에 젖어
세상 밖으로 나갈 마음에 들떠 있지만
고목나무 할아버지 한 말씀
지금 나가면 몽땅 얼어죽어
조금만 참자

저마다 새싹들이 움을 튼다.
세상에 나갈 준비를 한다.

동백꽃

꽃 피는 춘삼월인데 눈이 펑펑 내린다.
생각지도 못한 삼월 말의 대설주의보
아! 모진 눈보라 속에서도
동백꽃은 가장 먼저 세상에 나와
새봄이 온다는 소식을 가장 먼저 알린다.

동백꽃 붉은 꽃망울들은
온몸을 파고드는 추위에 부르르 떨며
시린 손 호호 불며 꽃을 피운다.
오는 봄은 누구도 막을 수가 없어
생살 위에 떨어지는 성긴 눈발을 받아먹고는
입술같이 벙그는 동백꽃 몇 잎.

계곡물에 발을 담그고

요즘같이 폭염이
계속되는 날에는 차가운 물을 뒤집어 써도 덥다.
바닷가를 찾아가도 열 받은 모래알들이 너무 뜨겁다.
이런 날에는 나무그늘 짙은 계곡에 앉아 발을 담그고
수박 한 덩이 먹으며 쉬고 싶다.

쉬임없이 들려오는 물소리에 귀를 씻고 마음을 씻고
시원한 계곡물이 혈관을 타고 온몸으로 흐른다.
시끄럽게 들려오는 매미소리가
바람처럼 가볍게 꿈속으로 튀어 오른다.

시인 공화국

우리나라에 가장 많은 것 세 가지가
러브호텔과 교회와 시인이라고 한다.*
우리나라에 유난히 시인이 많은 까닭은
감성이 뛰어난 시인들이 많아서가 아니라
3백여 종 되는 문예지에서
매달 기백 명씩 시인들이 쏟아져
나오기 때문 일거다.
이름도 생소한 문예지 신인상을 받았을 뿐인데
여느 신문사 신춘문예에
당선된 것처럼 너스레를 떤다.
우리나라에서는
시인이 되는 것은 아주 간단하다.
그저 작품 몇 편 끄적끄적 해서
문예지에 보내면 거의 당선이 된다.
(물론 심사를 깐깐하게 하는 곳도
몇 군데 있다.)
진정한 시인은 죽어서도 말한다.

그러나 우리나라에는
죽어서도 시인인 사람은
그리 많지 않다.

* 문정희 시 '러브호텔' 중에서

이름 없는 들꽃 향기

한 송이 이름 없는 들꽃은
꽃의 아름다움보다는
향기로 다가온다.

멀리서 바라다보면
꽃은 작아서 아예 보이지 않고
은은한 향기만 내뿜는다.

가까이 가보면
촉촉이 눈물 머금은 듯한
눈송이처럼 작은 꽃송이

이름 없는 들꽃은
눈꼽만큼 작아서 슬프고
아무도 찾지 않아서
더욱 서럽다.

아직 이름조차 없는
하잘것 없는 들꽃이지만

그래도 그대 향기에 취해 찾아올
단 한 사람을 위해
더욱 향기롭게 피어나라.

인생 다 거기가 거기

경남 하동 섬진강이
내려다보이는
지리산 자락에 와룡사가 있다.

와룡사 법당 앞에 새겨놓은
글귀가 눈길을 끈다.
'인생 다 거기가 거기'

잘나 봤자
이뻐 봤자
있어 봤자
배워 봤자
오십 보 백 보
다 거기가 거기인 것을

제 2 부

나무 선풍기

호주머니 속의 바다

바다를 닮은 작고 둥근 조약돌 하나
호주머니 속에 넣고 다녔다.
바다를 닮은 조약돌은
갯내음이 물씬 묻어나고
파도소리를
하루종일 들려준다.
바다에서 태어난 돌멩이는
처음엔 모나고 못생긴 돌이었다.

부서지는 파도에
몸이 부딪치고 망가지길
수만 번 아니 수천만 번
마침내 둥근 조약돌이 되었다.

둥근 조약돌은
끝없이 펼쳐진
바다 이야기를
소곤소곤 들려주곤 한다.

구부러진 길이 더 좋다

나는 구부러진 길을 좋아한다.
쭉쭉 뻗은 곧은 길은 운전하기에는
편할 지는 모르나
걷기에는 별로다.
구부러진 길을 걷다보면
들꽃도 보이고
나비도 보이고
새도 보이고
구름도 보인다.

구부러진 길을 따라 가다 보면
약간 어눌해 보이지만
구김살 없이 살아가는
사람들이 있어 좋다.
반듯한 길을 따라
평탄하게 살아가는 사람들은
왠지 여유가 없다.

구불구불 구부러진 길처럼
우여곡절이 많고
굴곡진 삶이 더 아름답다.

나무 선풍기

무더운 여름날
집안에 박혀 있으면
선풍기를 틀어도 더위가 가시지 않는다.

뒷동산에 올라
제법 큰 그림자 드리운 정자나무 아래
터를 잡고 앉아 있으면
나무 선풍기가 저절로
잘도 돌아간다.

전기 코드를 꼽지 않아도
살랑 살랑 바람을 일으키며
잘도 돌아가는
나무 선풍기

나무들이 빼곡히 늘어선
숲길에는 나무 선풍기들이
줄지어 늘어서서
더위를 식혀주어 좋다.

나무 그늘에 누워
살랑거리는 나뭇잎들을 올려다보면
나뭇잎들의 움직임이
여간 예쁘지 않다.

찜통 같은 여름 한낮에는
나는 나무 선풍기를 쐬러
종종 산으로 간다.

하루 종일
나무 그늘 속에 숨어
몸을 눕히면
지나가는 바람 하나
살그머니 다가와
내 곁에 살그머니 눕는다.

밤하늘을 바라다보며

잔디밭에 누워
밤하늘을 바라다보면
사람이 얼마나 왜소한지 알 수 있다.

영롱하게 빛나는
저 별과 저 별 사이
엎어지면 코 닿을 거리가
몇 억 광년씩 떨어져 있다.

밤하늘을 바라다보며
나이에 대해 말하지 말자.
인생에 대해 말하지 말자.

밤하늘 총총히 박힌 별들에 비하면
참으로 짧은 한 생애.
죽는 순간까지
일 분 일 초라도
소중하게 여겨야 한다.

밤하늘 별들에 비하면
우리 주위에서 영원처럼 존재하다가
금방 사라지고 마는 것들이
참으로 허망하다.

시간이 가면 갈수록
저 깊고 깊은
우주 속으로 사라져 가는
모든 것들이 덧없다.

벗어 놓은 신발

벗어놓은 많은 신발들을 보니
참 많은 사람들이 모였구나.
거친 파도를 피해
작은 항구로 모여드는 고깃배들처럼
잠시 모였나 보다.

아니면 즐거운 모임에 왔거나
상갓집에 문상 온 모양이다.
많은 신발 중에는
두 짝이 가지런히 놓여진 신발도 있고
서로 다른 방향을 바라보며
어긋난 신발도 있고
다른 신발을 올라타고
포개진 신발도 있다.
벗어놓은 신발을 보면
주인이 어떤 사람인지 알 수 있다.
신발도 주인의 삶을 닮아
천차만별이다.

하루 종일 주인의
육중한 몸뚱이를 이끌고
세상 이곳저곳을
터벅터벅 걸어다닌 신발은
저녁이 되어 집에 돌아오면
혼곤한 잠에 빠져 든다.

신발은
주인이 안전하게 귀가를 해야만
고단한 하루 일과를
마칠 수 있다.

넘어진다는 건

신발이나
빗자루나
삽이나
작은 물건들이 넘어지면
반듯하게 다시 세워 놓으면
그만이다.

사랑하는 여자가
너무 빳빳하게 버티면서
넘어질 줄 모르면
남자는 애가 탄다.

여자는
사랑하는 남자 앞에서
못 이기는 척
적당히 넘어질 줄 알아야 한다.

세상에는
넘어져서 좋은 일이 생기기도 한다.

그러나
배나 기차나 자동차나 집들은
절대 넘어져서는 안 된다.

넘어진다는 것은
허옇게 배(腹)를 드러내 보이는 것이다.
넘어진다는 것은 곧 대형 참사로 이어진다.
이런 일들은 일어나지 않을수록 좋다.

그 강에서 살고 싶다

그 강에서 살고 싶다
바람이 불지 않아도
강물은 저 홀로 일렁이고
누가 뒤에서 밀지 않아도
강물은 혼자서 저 멀리 흘러간다.

그저 강둑에 망연히 앉아
그 무엇을 애타게 기다려 본다.

봄이 가면 여름이 오는지
가을이 가면 다시 겨울이 오는지
강가에 쭈그리고 앉아 느껴볼 일이다.

나도 그저 강물처럼 말없이
가만가만 흐르다가 휘감아 도는 여울목
소용돌이 속으로
조용히 사라지는 강물이 되고 싶다.

저 높은 산들도
강물 속으로 들어와 쉬었다가 가고
하늘도
강물 속으로 들어와 낮잠을 즐긴다.

그 강가에 가서
초가삼간 집을 짓고 살고 싶다.

나는 아무래도 좋아 라는 섬이 좋다

제 아무리 악을 써 봐도
제 아무리 용을 써 봐도
제 아무리 노력을 해봐도
안 되는 일은 절대 안 되는 법이다.

목표로 삼은
어떤 일을 이루지 못하면
인생이 곧 끝날 것 같지만
사실은 목표를 달성하지 못했다 해도
인생이 끝나는 것 아니다.

속 끓이지 말고
아무려면 어때
까짓것 인생!
다 돌고 도는 것 아닌가.

어떤 결과나
상황에 관계없이

무덤덤하게 살자.
속 편하게 살자.

모든 걸 다 내려놓고
〈아무래도 좋아〉 라는 섬에 가면
오히려 마음이 편해진다.
삶이 넉넉해진다.

책에도 귀가 달려있다

책의 귀는 삼각형*
책 속에 있는 어떤 페이지
한쪽 귀퉁이가 접히는 순간
책에 귀가 생겨난다.
책에 귀가 많이 달려 있을수록
살아있는 책이 된다.
주인이 책을 끝까지 다 읽고 나서
책장을 덮는 순간
책 어느 한 부분에도 책의 귀가 없다면
더는 읽어 볼 가치가 없는 책이 된다.
내동댕이쳐지는 책이 된다.

책의 귀는
주인이 중요한 페이지임을 표시해둔 흔적
주인이 필요한 때에 다시 책의 귀를 찾은 다음
그 페이지에 실려있는 내용을
곱씹으며 읽는다.

언제든지
책은 귀를 닫지 않고
주인을 기다린다.
주인이 책의 귀를 열고
그 페이지를 비로소 펼쳤을 때
책의 귀가 열리는 것이다.

책의 귀는 삼각형
책에는 귀가 많을수록 좋다.
책에는 주인의 손때가 묻혀있어야 제격이다.
주인이 책을 다 읽은 다음
책장에 꽂아놓은
전혀 읽지 않은 듯한
깨끗한 책,
깨끗하다고 고고한 척 하지 마라.
때 묻지 않았다고 순결하다고 말하지 마라.

그런 책들은 사실은

별로 특별한 내용을 담지 못한 책이다.

* 마경덕 시 '책들의 귀' 인용

섬

섬을 향해 출발하는 배를 타면
모두가 바다가 된다.
바닷물을 스르르 가르며
흘러가는 배
사람들의 마음은 이미 섬에 먼저 가서
섬이 되었다.

사람들을 섬에 내려놓고
엄청난 삼각파도를 헤치며
출렁이며 나가는 배
수평선과 하나가 되어
점점 사라져 간다.

막배가 끊겨
오도 가도 못하고
섬에 남은 사람들은 결국
고스란히 섬이 되었다.

제 3 부

꽃도둑

오메 단풍들었네!

삼삼오오
계룡산에 오르는 사람들이나
산을 내려가는 사람들은
모두가 행복해 보인다.
누구 하나
찡그린 얼굴을 한 사람이 없다.
누구 하나
걱정거리가 있어 보이지 않는다.

산을 찾은 사람들의 옷들도
울긋불긋
산을 찾은 사람들의 얼굴도
울긋불긋
산을 찾은 사람들 마음도
울긋불긋
오메 단풍들었네.

어떤 형제

기차 안에서 만난
너더댓 살짜리 형과
두서너 살짜리 동생이 너무 귀여워
간식으로 먹으려고
가방에 넣어가지고 다니던
롤리폴리 길쭉한 과자를
꺼내 포장지를 벗겼더니
그만 과자가 두 동강이 나 있었다.

롤리폴리 과자는
달달하고 녹차 맛이 난다.

긴 쪽 과자와 짧은 쪽 과자를 양손에 들고
형제에게 보여주며
어떤 것을 먹을래? 묻자
형이 먼저 짧은 쪽 과자를 가져갔다.

동생에게 긴 쪽 과자를 양보하고
본인이 짧은 쪽 과자를

먹으려나 보다.
참 기특하다는 생각이 들었다.
착하기도 하지!

그러나 그게 아니었다.
짧은 쪽 과자를 동생 입에
넣어주고는
자기는 긴 쪽 과자를
맛있게 먹어 버렸다.

세상에 너더댓 살짜리 아이가
이토록 영악할 수가!
순간 나는 기가 막혔다.

오디

뽕나무 열매를
상심, 상심자, 오돌개 등으로 불리는데
오디라는 이름이 더 잘 알려져 있다.

오디를 한 움큼 따서
달착지근한 오디를 하나씩 입에 넣고
오물오물하면 설탕처럼 살살 녹아
자꾸만 먹게 된다.

오디를 먹다가 보면
더러 입술에 묻어 입술이 빨갛게 되기도 하고
더러 코에도 묻어 코쪽이 빨갛게 된다.

오디를 먹으면서
친구 얼굴을 쳐다보며
네 입술이 빨갛게 물들었네. 하하
네 코 끝이 빨갛게 물들었네. 하하

오디? 오디?
손끝으로 자기 얼굴을 가리키며
키득키득 웃는다.
그래서 뽕나무 열매이름이
오디가 되었단다.

꽃 도둑

동네 골목 어귀 어느 집
담벼락을 휘감아 도는
붉게 만발한 장미꽃들이
내 눈길을 잡아끌었다 .
장미꽃이 너무 예뻐 한 송이
몰래 꺾어다 유리병에 꽂고 싶었다.

잠시 내민 손이
장미 줄기에 촘촘히 박힌 가시 때문에
잠시 허공에 걸려 허둥댔다.
다시 한 번 주위를 두리번거리다가
아무도 몰래 장미 한 송이를 꺾어 들었다.
가슴이 콩닥콩닥 숨이 멎을 것만 같았다.

꺾어든 장미 한 송이를 들고
태연하게 골목길을 빠져나오는데
장미 가시에 찔린 손바닥에 피가 흘렀다.
손바닥에서 흘러나온 피를
손수건으로 닦아내자

하얀 손수건 위에
붉은 장미꽃 잎들이
새빨갛게 피어났다.

계룡산의 사계(四季) · 1

희끗희끗 잔설이 남아있는 골짜기
아직 발이 시리다며 칭얼대는 어린 나무들을
다독이던 고목들은
언제쯤 싹을 틔울까 연신 생각을 저울질한다.
봄이 되자 햇빛을 맘껏 끌어안은
연둣빛 새싹들의 얼굴에는 반짝 반짝 생기가 돋는다.
하루가 다르게 짙어지는 녹음
나무숲의 진한 숨결이 느껴진다.

장군봉 기암절벽 깎아지른 낭떠러지
바위 틈 새에 뿌리를 내리고
아찔하게 서 있는 소나무 한 그루
아! 감탄사가 절로 나오는 비경(秘境)이다.

여름이 되자
고봉준령을 다 품은 초록의 물결
은선 폭포에서 하얗게 쏟아지는
물소리가 온산을 살찌운다.

바람이 불면 나무들이 한꺼번에
손을 흔들며 웅성거린다.

갑사로 올라가는 길에서 만난
오래된 은행나무 한 그루
나는 잠시 나무의 내력을 따라 가본다.
삼백 살이 넘은 직한 은행나무 한 그루
비바람과 모진 세월을 버티어 내며
하늘을 찌를 듯 곧게 서 있는
은행나무의 꺼칠해진 등을 쓰다듬는다.
아무리 가뭄이 들어도
은행나무는 넉넉한 마음으로 꽃을 피워
단단한 열매로 장식을 단다.
가을이 되면 나이든 은행나무는
할아버지처럼 생각이 깊어진다.

계룡산의 사계(四季) · 2

산과 내가 비로소 하나가 되었을 때
나무들도 나를 따라 산길을 걷는다.
이미 뚫려있는 길조차 오르기 힘이 드는 산속에서는
눈보다는 귀가 더 많이 열려 있다.
산은 산속에 숨어 사는 모든 소리들을
한데 모아 내 귓전에 풀어 놓는다.

깊은 산속에 들어서면 그늘이 짙다.
나뭇잎 사이로 무수히 내리꽂히던 햇빛과
푸른 하늘이 숫제 보이지 않는다.
깊은 산속에 들어와 있으면
마치 신선이나 된 듯 온갖 번뇌가 사라진다.
나는 아무런 생각도 없이 산속을 거닐며
땅에 떨어져 있는 새 소리 바람소리를 줍는다.

바삭거리는 가랑잎들의 속삭임 소리
겨우내 이 앙다물고 추위를 이겨내는
나무들의 인내심을 짐작해본다.
겨우내 산은 넓은 자락을 펼쳐

산허리를 감고 도는 적요조차도 품안에 보듬는다.
겨울 산속에 들어서면
눈 내리는 소리가 나를 따라 산속을 함께 거닌다.
윙윙 눈보라가 칠 때마다
겨울잠을 자다 뒤척이는 나무들
깊은 산속의 겨울은 길고도 황량하다.

신발 한 짝

아이들을 데리고 캠프를 갔다.
둑길을 따라 걷기체험을 했는데
길을 가다가 작은 시내를 만나
신발을 벗고 건너야만 했다.

냇물의 깊이는 아이들 무릎 정도였다.
한 아이가 물살을 헤치며 걷다가
물속에 있는 돌을 잘못 밟아
몸이 기우뚱하는 사이
손에 들었던 신발 한 짝이
손아귀를 빠져나가
둥둥 떠내려 가버렸다.

아이는 둑길에 서서
둥둥 떠내려가다가
물거품 속으로 사라진
신발의 마지막 모습을
바라보고 또 바라보았다

아이는 울상이 되어 속이 상해 죽겠는데
야, 그 신발 한 짝 가지고 있으면 뭐해
신고 다니지도 못하는데
손에든 그 신발도 물속에 던져 버려

아이는 대답대신
남은 신발 한 짝을 또 물속으로 놓칠까봐
이젠 두 손으로 신발 한 짝을 꼬옥 감싸 쥐었다.

갔던 길을 되짚어 오는 길
둑길을 따라 한참을 내려오다 보니
아이가 물속에 빠뜨린 신발 한 짝이
보에 걸려 있었다.

친구들의 비아냥거림도 참으면서
한 짝만 남아서 정말 쓸모가 없어진
신발 한 짝을 꼬옥 손에 쥐고
둑길을 내려온

아이의 간절한 소망이
이루어진 것이다.

신발 한 짝이 사려져버려
정말 쓸모가 없게 될
한 짝만 남은 신발을 물속에 풍덩 버렸다면
신발 한 짝을 다시 찾았어도
찾은 신발 한 짝도
정말 쓸모가 없었을 것이다.

그렇게 금방 끝이 날
신발의 짧은 일생이
끈질기게 살아남아
전설처럼 이어지게 되었다.

호수에 뜨는 별

가을이 되면
호수는
티 없이 맑은 파란 하늘

가을 찬바람이 불어
호수에 떨어진
단풍잎 몇 장

호수 위를 맴도는
단풍잎들은
모두 다 별이 된다.

호수에
떠도는 단풍잎들은
낮에도 반짝이는 별이다.
낮에도 빛이 나는 별이다.

단풍잎 몇 장

작년 가을이 다 가기 전에
큰 맘 먹고
내장산 단풍구경을 다녀왔다.

내장산 등산 기념으로
가져온 단풍잎 몇 장
책갈피에 넣어 두었다.

단풍잎이 잘 있나
살짝 책을 펼쳐보니
아직도 선명한 빛깔
그 고운 자태

계절이 바뀌었어도
기억 속에 오롯이 남아있는
내장산 단풍들의 멋진 잔영(殘影)
고이고이
오래도록 간직하려 한다.

은행나무의 행적

나무의 행적을 따라가 본다.
한 오백 살은
충분히 먹음직한 은행나무 한 그루
비바람 모진 세월을 버티어 내며
거친 눈보라를 견디어 낸
이 고요가 내려와
나무의 등을 쓰다듬는다.
거칠고 황량한 벌판에서도
넉넉한 마음으로 꽃을 피워
단단한 열매로 장식을 단다.
가을이 되자 나이든
은행나무는 생각이 깊어진다.
노란 은행잎들이
하늘을 통째로 이고 있다.

바람은 둥지를 틀지 않는다

해질녘 먼 들판을 지나가는
바람이 얼굴을 스친다.

먼 바다를 건너
산을 넘고 넘어
불어온 바람
아랫도리가 허옇게 젖어 있다.

풀섶 풀벌레들 울음소리 따라
떨어지는 나뭇잎에
바람이 앉아 있다.

먼 들 끝에서 되살아 난 바람은
다시 먼 길을 가고 있다.
이슬방울들이
먼 길을 떠나가는
바람의 발등을 적셔준다.

아무리 지치고 힘이 들어도
바람은 한 곳에
둥지를 틀고 쉬지 않는다.

소똥구리

2017년 11월
환경부에서 소똥구리를
마리당 백만 원에 구입한다는
이색 광고를 냈다.
내가 어렸을 적에
들판에 널브러져 있던 소똥구리들이
이젠 환경오염으로 다 사라져 버렸나
소들에게 항생제를 넣은
배합사료를 먹이기 때문에
요즘 소똥에서 소똥구리가
더 이상 살 수가 없다고 한다.
다음 세대들은
소똥구리가 어떻게 생겼는지
소똥구리가 어떻게 살았는지
도무지 알지 못할 것이다.
세월이 가면
그렇게 점점 멸종되어 가는
동식물들이 점점 늘어날 것이다.

몽골에 가면 지금도
들판에 소똥구리가 많이 있단다.
이제는 소똥구리를 보려면
몽골에 직접 가보든지
아니면 박 물관에나 가서
박제된 소똥구리를 볼 수밖에 없다.

제 4 부

얼굴보약

내 것

서재에 책이 많이 있어도
읽지 않으면 내 것이 아니다.
책은 읽은 것만 내 것이 된다.

밥상에 음식이 많이 있어도
먹지 않으면 내 것이 아니다.
음식은 먹은 것만 내 것이 된다.

통장에 돈이 많이 있어도
쓰지 않으면 내 것이 아니다.
돈은 쓴 것만 내 것이 된다.

절로 가

1976년 대학 1학년 때
불교를 알고 싶어
불교사상연구회라는 써클에 들어갔다.

신입회원 환영회가
칼국수집에서 열렸다.
모임 시작 시간보다
조금 늦게 도착하였더니
식당 안쪽 방에 사람들이
한방 가득 모여 있었다.

안내를 맡은 한 선배가
나에게 절로 가 라며
구석쟁이 빈자리를 가리켰다.
"가입하자마자 절로 가라니
저는 절로 가지 않겠습니다."
그 선배가 안내해준
빈자리에 앉았더니
"신입생이 선배 말에 토를 달면 안되지."

"신입생이 말이 많다."
"유머 감각이 뛰어나구먼."
"이 친구 시도 잘 써요."
"역시 남다르구먼 좋은 시인이 되겠어."
비아냥과 찬사가 뒤섞여 들려왔다.

그날 이후
불경공부도 시작하였으며
템플스테이에도 참여하였고
참선도 열심히 배웠다.
그러나 나는 끝내
절로 가지 않았고
성당으로 갔다.
그리고 시인도 되었다.

수평선

누군가 찍 하며
하늘과 바다를 갈라놓은 선
그 사이로
통통 거리며 달려가는 배
그러나 멀리서 바라보면
느릿느릿 기어가는 것처럼 보인다.
아이고 답답해 왜 저리도 못 가노!

먼 바다에
저녁 어스름이 내리고
눈을 살짝 감으면
하늘과 바다가 하나가 된다.
어둠이 된다.
아이고 답답해 왜 이리 캄캄하노!

수평선!
하늘과 바다 그 사이로
번개처럼 번쩍 스쳐 지나가는
그리움 하나

수평선!
바다와 하늘 그 사이로
번쩍 떠오르는 햇님 얼굴

북한산 고사리

채소와 잡곡을 파는 어떤 가게에
말린 고사리가
반쯤 열어 제킨 포대 속에
수북이 담겨 있다.
요즘은 농산물도
원산지 표시를 해야 벌금을 내지 않는다.
그 고사리 포대 앞에는
종이 박스를 대충 잘라서 만든
네모난 이름표에
'북한산'이라고 적혀 있었다.
사람들은
북한산 말린 고사리를 뻴금 쳐다보고는
누구 하나 사지 않고 모두 지나쳐 버렸다.
어떤 글쟁이가 이곳을 지나다가
'북한산' 글자 아래
(통일되면 국산) 이라고 적어 놓았다,
"허 맞는 말이네." 껄껄 웃으며
말린 고사리가 팔려 나가기 시작하였다 한다.

한하운 시비

올해 1월
봄 날씨같이 포근한 날
소록도에 가보았다.
천형의 병으로 여겨졌던
한센병 환자들이 사는 소록도에는
희귀종 나무들이 빼곡히 들어선
울창한 수목원이었다.
〈보리피리 시비〉 팻말을 따라
층계를 올라가 빙 둘러 보았더니
시비가 보이지 않았다.
웬일일까?
눈을 크게 뜨고 이리 저리 찾아보았더니
큰 소나무 아래 〈보리피리〉라는
작품이 새겨진 시비가 보였다.
이승에서 고단한 삶을 살다간
한하운 시인처럼
그의 시비도 서 있기가 힘들었든지
편하게 누워 있었다.

얼굴 보약

결혼한 지 얼마 안 되어
자식을 낳은 부부에게는
아이 얼굴이 보약이다.
아이 얼굴만 보아도
온몸에 힘이 절로 솟고
에너지가 넘쳐 난다.

사랑하는 연인끼리
하루만 못 보아도
그저 보고 싶어 안달이 나고
며칠만 못 보아도
너무 보고 싶어 잠도 제대로 못 잔다.
연인 사이에는
사랑하는 사람의 얼굴이 보약이다.
삶의 활력소가 된다.

제비 이야기

제비부부가 집을 짓고
열심히 새끼를 기르던 중
아내 제비가 매에게 잡혀 먹혔다.

남편 제비는
혼자서 다섯 마리 새끼들을 건사할 수 없어
어디서 데려왔는지 과부 제비를 들였다.
새엄마 제비는 남편 몰래
새끼들을 하나씩 하나씩 둥지 밖으로 내쳤다.
그리고는 천연덕스럽게
새로 알을 낳아 새끼를 길러냈다.

요즘 어느 도시에서
시끄럽게 떠든다는 이유로
새엄마가 다섯 살 난 의붓아들을
때리고 던져 죽였다 한다.

그런 제비랑 그런 사람이랑
뭐가 다를까?

연꽃 한 송이

고향집 토방 마루에 걸터 앉아
떠오르는 붉은 달을
올려다보자
그 안에서 환하게 웃으며
피어나는 붉은 연꽃 한 송이

연꽃 축제가 한창인
궁남지 가득 사람들의
발걸음 소리가 모여들고
방그레 웃으며 피는 연꽃도
질 때에는 잠깐이더군
어느새 서산 너머로 지는 초승달이여.

로또 복권

사람은 누구나
열심히 일해 노력한 댓가로 사는 법이라고
아이들한테 가르치면서
나는 가끔 뜬 구름 잡듯
로또복권을 산다.

인생이란
어쩌다 뒤로 넘어져도
황금덩이를 잡는 법
혹시 누가 아랴!
한평생 한번도
오지 않을 행운에
일말의 희망을 건다.

오리 한 줄

저수지로 소풍가는 오리 한 줄
항상 엄마오리만 새끼들을 돌본다.
아빠오리는 무리에 없다.
숫놈오리는 참 편하다.
씨 몇 개 찔끔 심어놓고는 룰루랄라
저 혼자 제멋대로 살아간다.
뒤뚱뒤뚱 엉덩이를 흔들고 가면서도
연신 뒤를 돌아다보는 엄마 오리
뒤처지는 녀석이 없는지 살핀다
꼴찌 가는 녀석은 항상 꼴찌다.
엄마오리가 가는 곳이면
어디든지 졸래졸래 따라가는
오리 한 줄

제 5 부

어머니의 시계

아침에 눈을 뜨면

아침에 눈을 뜨자마자
하는 일은 사람마다 다르다.
어떤 이는 눈 뜨자마자
화장실에 가고
어떤 이는 눈 뜨자마자
물 한 잔을 마시고
어떤 이는 눈 뜨자마자
담배 한 대 피워 물고
어떤 이는 눈 뜨자마자
간밤에 읽다만 책을 펴들고
어떤 이는 눈 뜨자마자
간밤에 꾸었던 꿈을 되짚어 본다.
나는 아침에 눈 뜨자마자
간밤에 아무 일 없이 깨어난 것에 대해
감사 기도를 드린다.

내가 꿈꾸는 집

나는 작은 집 하나 갖고 싶다.
작은 마당이 있고
우물이 있고
텃밭이 있는
그런 작은 집 하나 갖고 싶다.
산 그림자가 마당까지 내리고
설핏하게 산새가 우짖는
방문 열고 밖을 내다보면
구름이 두둥실 떠가고
바람이 휑하니 지나가고
지친 어깨를 문지방에 기대고 앉아
돋아나는 별들을 보고 싶다.
별들의 속삭임을 듣고 싶다.
가슴 가득한 그리움 하나 키우며
아무도 찾아올 수 없는
울울창창한 깊은 산중에 그림 같은
집을 짓고 싶다.
텃밭 가득 상추랑 오이랑 고추랑 심고
아침마다 물을 주고

풀을 매며
그렇게 자연과 벗 삼아 살고 싶다.

초가집

어릴 때 살았던 초가집이 그립다.
뒤곁에는 장작더미가 쌓여 있고

모락모락 저녁밥을 짓는 연기
울타리 밑으로 쏴쏴쏴 소낙비처럼
날아들던 참새 떼

부엌에선 밥이 익는 고소한 냄새
솔솔 피어오르고

어서 저녁밥 먹으라고 부르시는
어머니의 목소리가 그립다.

生家

아스라히 먼 곳에서
유년의 바람이 일어
흐트러진 기억의 가장자리를
쓸고 있다.

모락모락 피어오르는
유년의 기억들이 더러는
처마 밑 거미줄에 걸려 퍼득거리고

솔바람 소리에 실려
꿈결처럼 밀려오는
고만고만한 얼굴들

저녁연기에 끄슬린 낮달이
굴뚝을 넘다 지쳐
텅 빈 안마당에 내려와
아픈 다리를 쉬고 있다 .

어머니의 시계

1960년대
가난했던 어린 시절
시계가 흔치 않았다.
어머니는 닭 우는 소리 맞춰
아침밥을 지으시고
저녁노을을 바라다보시며
저녁밥을 지으셨다.
문제는 점심!
여름철에는
동향(東向)인 초가집 처마 끝 그림자가
낙숫물이 떨어져 홈이 파인
뜰팡* 아래에 놓이면
점심상을 차리셨다.
해의 길이가 철마다 달라
그림자의 길이도 철마다 달랐다.
봄, 가을, 겨울철이 되면
앞마당에 내린
초가지붕 그림자의 길이보다
여름철 때 보다 약간 짧아졌을 때

점심상을 차리시곤 했다.
시계가 없던 시절
먹을 것은 풍족하지 않았지만
삼시 세끼 굶지 않고 지내게 된 데에는
이렇듯 세심한 어머니의
정성이 있었기 때문이었다.
이제는 어머니도
그때 살던 초가집도
곁에 없지만
눈을 감으면 선연하게 떠오르는
어머니의 시계

* 뜰팡 : 토방(土房)이라고도 하며, 방에 들어가는 문 앞 에다 약간 높고 편평하게 다져 놓은 흙바닥

유년의 뜨락

내 유년의 뜨락 가득
꽃이 핀다
소쩍새 슬피 울던 날
한 번 가서는 오지 않는 어머니
어머니가 계신 곳에도
아름다운 꽃들이 만발하고
새들이 신명나게 지저귈까?
바람이 되어
새가 되어
이슬이 되어
지금도
내 유년의 뜨락을
추억으로
수놓으시는 어머니

어머니

어머니가 계신 곳에는
작은 들꽃이 만발하였겠지요.
지금도
아주 멀리 계신 어머니를
생각하면
가슴이 메어집니다.
무던히도 참았던 그리움이
앞을 가리고
내 눈가에 맺혀있는
작은 이슬방울들이
눈물이 됩니다.
어머니를 그리는 눈물은
이슬보다 영롱하지는 않지만
그 어느 피보다도
더 진하답니다.

아버지의 유품 · 1

— 전기 온열 매트

말년에 하반신을 못 쓰신
아버지는 3년 반 동안
요양원에 계셨다.
여든 여섯 나이로
생을 마감 하신 아비지는
전기 온열 매트 위에
누워 지내셨다.

아버지가 떠나시고
덩그러니 남은 전기 매트
대소변을 가리시지 못해
지린내가 배어있는 전기 매트를
그냥 버릴 수가 없어
방향제를 여러 번 뿌리고
햇볕에 말려 지린내를 없앤 다음
전기 매트가 고장 날 때까지
5년 동안 깔고 잤다.
아버지가 사용하시던 전기 매트
버리면 그만인데

가져다가 무슨 궁상을 떠느냐고
아내는 한 마디 했지만
아버지의 체온을 느끼고 싶어서 였다.
아버지의 체취를 느끼고 싶어서 였다.

아버지의 유품 · 2

— 손수건

여든 여섯 나이에
이승의 생을 마치신 아버지
임종 하시던 순간
흘리시던 눈물을 닦아 드렸던
평소 아버지가 쓰시던
손수건 한 장
그냥 버릴 수가 없어
깨끗이 빨아
호주머니에 넣고 다니며
사용하였다.
아버지의 체취며
아버지의 눈물이
남아있던 손수건을
너덜너덜해 질 때까지
한 5년 동안 가지고 다녔었다.

아버지

아버지는
심심하면 마당을 쓰신다.
대대로 농사를 짓는
가난한 집의 마당에 내리는
햇살도 역시 가난하다.
마당 한 가운데
뒹구는 가난의 부스러기
아무리 쓸어도 쓸리지 않는다.
아버지는 가끔 나에게
이 세상에서 믿을 수 있는 건
오로지 땅 뿐이라고 말씀 하셨다.
아무런 군소리도 하지 않고
곡식을 키워 주는 땅!
일 한 만큼 돌려주는 땅!
내 눈에는 티끌 하나 없는
깨끗한 마당인데도
아버지는 또 마당을 쓰신다.

제 6 부

첫눈이 오는 날엔

작은 풀꽃

너무 작아
웬만해서 보이지 않는다.
누구 하나 거들떠보지도 않는다.

눈에 잘 띄지 않아도
그저 보아주는 것만으로
그저 이름을 불러주는 것만으로
풀꽃에겐 사랑이다.

가을 억새밭

솜털구름처럼
뭉게뭉게 피어나는
가을 억새밭

억새밭 가득
바람이 불면
억새풀들은 덩실덩실
춤바람이 난다.

동에서 바람이 불면
서쪽으로 일제히 눕고
서에서 바람이 불면
동쪽으로 일제히 눕는
절도 있는 군무

칼바람이 부는 언덕에
다른 초목들은 매서운 추위에
발을 동동 구르는데
머리칼 풀어헤친 억새풀들은

땀을 뻘뻘 흘리며
신명나게 춤을 춘다.
춤 잔치를 벌인다.
내노라 하는 춤꾼들이 다 모였다.

벌레 먹은 사과

과일가게에는 벌레 먹은 사과가 없다.
과일가게에는
어디 하나 나무랄 데 없는
흠집이 전혀 없는 사과만 취급한다.
이렇게 팔리는 사과는
반드시 '달고 맛있는 사과'는 아니다.
사과는 좀 못생기고
벌레 먹은 놈이 맛이 있단다.
하찮은 벌레들도
당도가 높고 영양가 있는
놈을 골라 파먹는단다.
맛이 좋은 놈일수록
꼬여드는 벌레도 많고 그 만큼 상처도 깊다.
사과 밭에 가면
낙과들이 더러 떨어져 있다.
사과가 벌레를 먹으면
기력이 약해 떨어지고 만다.
벌레 먹었네
상처가 났네

흙이 묻었네 하며
외면하지 말고
떨어진 사과를 주워들고
사과에 묻은 흙을
옷에 쓱쓱 문질러 털어낸 다음
한 입 베어 물면 꿀맛이다.
벌레가 찜해 놓은 사과는
자연이 찜해놓은 사과다.
하늘이 찜해놓은 사과다.
몸 한쪽을 벌레에게 내어준 사과는
결국 땅에 떨어져
제 후손을 지상에 남긴다.

가랑잎

나무에서 떨어지는
가랑잎과 가랑잎 사이로
새소리가 끼어들고
바람소리도 끼어든다.

바스락 바스락
가랑잎들이 굴러가며 발자국 소리를 남긴다.
방금 생쥐처럼 가랑잎 하나
발아래를 쏜살같이 가로 질러갔다.

제 어미에게서 떨어져 나온
가랑잎들의 이소(離巢)
어디론가
머무를 곳을 찾아 나서는 가랑잎들아!
누구한테도 잡히지 마라.
잡히면 결국 밟혀 죽거나
마대자루에 담겨 사라진다.
가랑잎들이 몰려왔다 몰려간 자리에는
침묵만이 흐르고

가랑잎들은 자취도 없이 숨어버린다.
가을이 다 가도록
어느 한 곳에
머물지 못하고 떠도는 가랑잎 하나
휑하니 들판을 건너가고 있다.
바람에 이리 저리 쓸려 다니다
지친 가랑잎들이 한쪽 구석에
나무 그늘처럼 누워있다.
어디론가 굴러가는 가랑잎들을 따라
올 가을도 그렇게 지나간다.

가을 비

어느 늦가을
저녁 가을 비가 추적추적 내린다.
단풍잎들을 모두 떨군 나무는
앙상하게 뼈만 남아 있다.
그 뼈마디 속으로 가을 비가 잦아들고.
가을 비를 맞으면
하이얀 입김이 절로 나와 덜덜 한기를 느낀다.
허전한 마음에 등불 하나 켜들고
가을 빗속을 거닐어 본다.
길가에 피어있는 생기 잃은
국화 꽃송이마다
아직 향기가 남아 호올로 밤을 밝힌다.
이제는 모두 시들어 버린
국화 송이 슬픈 그림자 위로
가을 비가 켜켜이 쌓인다.

가을 들녘

축 늘어진 벼이삭들이
바람에 출렁거릴 때마다
가을 들녘은 더 아름다웠다.

벼 포기 사이사이로
따가운 햇살이 내려와
아이들처럼 좋아라
깡충 깡충 뛰어놀고 있다.

풋고추를 찍어가며
논두렁에 앉아
새참을 먹는 아버지의
구리 빛 얼굴에 생기가 돌고

풍년을 예감하는
가을 들녘에는
아버지 꿈들이
하나둘씩 영글어
훈장처럼 빛나고 있다.

첫눈이 오는 날엔

첫눈 오는 날엔
그리움도 커져 갑니다.
기다림도 커져 갑니다.
설레임도 커져 갑니다.
서러움도 커져 갑니다.

첫눈이 내리면
세상은 온통 이불속처럼
포근해집니다.

첫눈이 내리면
사람들은 들뜬 마음에
안절부절 하지 못합니다.

첫눈이 내리면
떠나간 사랑을 그리워하기도 하고
흘러간 세월을 뒤돌아보기도 하고
새로운 바램을 빌어보기도 합니다.

그래서 첫눈 오는 날엔
사람들은 눈 내리는 거리로 나와
저마다 텅 빈 가슴에
그 무엇인가를 한 아름씩
가득 담아 갑니다.

첫눈

첫눈이 내리면 온통 백색의 세상이 된다.
일 년 동안 앞만 보고 달려온 사람들은
벌써 일 년이 가는구나.
미욱한 세상에 깨달을 것이 너무 많다.

점점이 지상에 박혀 내리는 눈은
어지러운 세상의
추악함도 비열함도 지저분함도
모두 덮는다.

첫눈이 내리면
모두들 길거리로 쏟아져 나와
까마득히 잊었던
첫사랑에 대한 추억을 그리워한다.

귀항

어스름이 깔리는 저녁
갈매기 떼를 이끌며
통 통 통 섬과 섬 사이를 지나
귀항하는 고깃배 한 척

만선의 깃발이 휘날리는
은빛 돛대를 달고
항구로 돌아오는 배는
갑자기 거세지는 파도를 넘고 넘어도
숨이 차지 않는다.

고깃배를 따라 함께
먼 바다로 나갔던 바람이 하나
아직 돌아오지 않았다.

눈 한 덩이

아이들이 운동장 한 켠에
장난삼아 뭉쳐놓은 눈 한 덩이
방학이라서 아이들이 없는
쓸쓸한 운동장에 덩그러니 남아
텅 빈 운동장을 지키고 있다.
입춘이 지나 기온이 오르자
쌓였던 눈들이 모두 녹고
사방팔방을 둘러봐도
눈이라고는 흔적조차 찾기 힘들다.
아무리 힘이 없고
생명력이 없는 눈일지라도
단단하게 뭉쳐놓으면
쉬 녹지 않는다.
눈 한 덩이
그 속에 한 겨울을 꽁꽁 숨기고는
따스한 햇살을 온몸으로 버티며
용케도 살아 있다.
녹지 않고 살아 있다.

숨겨왔던 비밀 하나

고1 시절 개교 50주년 기념행사 시낭송 준비로

어수선하던 어느 날

문예반 선생님이 나를 교무실로 불렀다.

"너 시 잘 쓴다며? 네가 좀 개교 50주년 학교장 훈사를 좀 써봐라."하시며

학교요람, 등등 자료를 건네주시는 것이 아닌가?

정말 하늘이 무너지는 기분이었다.

추상(秋霜)과 같은 명령이니

못쓰겠다는 말을 할 수도 없는 노릇이었다.

정말 고 1 짜리가 알면 얼마나 안다고……

무슨 말부터 써야 할지

도무지 가늠조차 할 수 없었지만

며칠 낮밤을 끙끙 앓다시피 해서 쓰긴 썼다.

학교장 훈사 초본을 선생님께서 읽어보시고는

"예상외로 잘 썼네, 교장선생님 결재가 떨어져야 할 텐데." 하시며 걱정하셨다.

며칠 후 그 선생님이 또 나를 불러 교무실에 갔더니

누군가 붓펜으로 정성껏 쓴 학교장 훈사 원본을 나에게 보여주셨다.

"네가 쓴 원고 중에서 한 글자도 안고치고 통과되었다. 이번 일 누구한테도 절대 말하지 마라, 믿는다. 알지? 공부 열심히 해 좋은 대학 가서 꼭 유명한 시인이 되거라."

하시며 내 어깨를 툭 쳐주셨다.

지금 생각해보면

당시 교장선생님께서 문예반선생님한테

학교장 훈사를 쓰라고 지시하신 것인데

그 불똥(?)이 나에게 튄 것이다.

그렇게 고1때부터 키워온 작은 역량(?)들이

오늘날 나를 만들어 준 자양분이 되었다.

* 1972년 고1때 있었던, 46년 동안 숨겨왔던 비밀 이야기를 조심스럽게 털어놓는다.

제 7 부

널리 애송되는 대표작

가을 엽서

가을에는
사랑한다는 말이 필요치 않다.

가을에는
장문의 편지를 쓰지 않아도 좋다.

숲속을 찾아가
하염없이 떨어지는
단풍잎 하나 주워 들고

사랑하는 마음을 단풍잎에 실어
사랑하는 사람에게
보내자.

핏빛으로 물든
그리움이
사랑하는 사람의 마음속으로
진하게 전해질 테니까.

눈물보다 아름다운 것

나는 눈물이 없는 사람을 좋아하지 않는다.
눈물이 없는 사람은 가슴이 없다.
바닥까지 추락해본 사람은 눈물을 사랑한다.
바닥엔 가시가 깔려 있어도
양탄자가 깔려 있는
방처럼 아늑할 때가 있다.
이제는 더 이상 내려갈 수 없는 나락에 떨어지면
차라리 다시 일어서서 오를 수가 있어 좋다.

헤어진 사랑 때문에
실패한 사업 때문에
떨어진 시험 때문에
인생의 밑바닥에 내려갔다고
그곳에 주저앉지 마라.

희망조차 보이지 않는다고 실망하지 마라
무슨 일이든 맨 처음으로 돌아가
다시 시작하면 되는 것이다.

사람은 자기가 흘린 눈물만큼
인생의 깊이를 안다.
눈물보다 아름다운 것은
다시 시작하는 용기와 희망이다.

커피 향 같은 사랑

습관처럼
하루에 몇 잔씩 마시는 커피처럼
그렇게 그대를 그리워하렵니다.

커피 향처럼 은은한
그대 그리움을 음미하면서
그렇게 커피를 마시렵니다.

하루가 지나고 나면
어느새 마셔버린 쓸쓸함이
그리움처럼 뒤에 남지만
늘 새롭게 마실 커피를 위해
빈 잔을 깨끗이 닦아놓지요.

그렇게 마음을 비우고
그대가 내 마음속에 빈 잔을
사랑으로 가득 채워 주길
마냥 기다리렵니다.

그대 그리움이
목마름 같은 갈증으로 남아
한 밤중에도 일어나
다시 커피를 마십니다.

오늘도
김이 모락모락 피어오르는
진한 커피 향을 마시며
그대를 생각합니다.

우리 사랑이 진한 커피 향처럼
뜨겁게 지펴지길 기대합니다.

운명처럼 다가온 그대

처음 만났을 때부터
전혀 낯설지 않은
이상하게 오래된 친구 같고,
오래된 연인 같은 그대

이 세상 어느 곳에
마음 둘 곳 없는 나에게
이토록 가슴 벅찬 기쁨을 준
그대가 있어 좋다.

어느 누구의 사랑도
담을 수 없을 것 같은
허전한 가슴속에
운명처럼 다가온 그대

아무리 생각하고
또 생각해 봐도 눈을 감고
눈을 뜨고 생각해 봐도

꿈결 같은 그리움 밭을 건너
신기하게 운명처럼 다가온 그대

늘 생각하면 생각할수록
그리움이 샘솟는
사람이 있다는 것은
참으로 행복한 일이다.

가을처럼 깊어가는 사랑

(일명 '가을 마음'으로 읽혀지고 있음)

강물이 저 혼자 흐르다가
또 다른 강물을 만나
하나가 되듯
우리도 서로 손잡고 물이 되어
한 세상 흐르다가
먼 바다에 이르러 갈대꽃처럼
피어나면 좋겠어.

그저
어느 한 계절의 모퉁이에서
금방 불붙은 사랑처럼
금새 피었다가 시들고 마는
진한 향기보다는
있는 듯 없는 듯
풍겨나는 구절초 같은
은은한 향기였음 좋겠어.

억새풀처럼 머리가 하얘지고
잔주름이 늘어난다고 해도

두 손 꼭 잡고 서서
저녁 숲에 내리는
풀벌레 소리에
귀 기울이며 살았으면 좋겠어.

가을비 찬바람에
나뭇잎은 떨어지고
산비알 모여드는
낙엽같은 그리움을
허전한 가슴속에 차곡차곡
쌓으면서 살았으면 좋겠어.

아름다운 눈으로

비가 내리는 날은 비가 와서 좋고
눈이 내리는 날은 눈이 와서 좋고
햇볕이 쨍쨍 내리쬐는 날은
햇살이 밝아서 좋다.

삼백예순 나날 날마다 날마다
다람쥐 쳇바퀴 돌 듯 하는 인생이지만
날마다 아침저녁으로 기온이 다르고
하루 종일 날씨도 다르다.

풀 한 포기 개미 한 마리
꽃 한 송이 모두
아름다운 삶을 위해
올곧게 살아 간다.

아름다운 눈으로 세상을 보면
모든 것들이 다 아름다워 보인다.

아름다운 눈으로 세상을 보면
그 아름다움의 중심에 내가 서 있다.

그리움의 향기

그리움은
보고 싶어도 참는 거다.
그리움은
누군가를 끊임없이
마음속으로 좋아하는 거다.

그리움은
그 무엇을 애타게 기다리는 거다.
그리움은
아무런 대가를 바라지도 않고
누군가를 지독히 사랑하는 거다.

보고 싶어도 참고 있다가
그리워도 참고 있다가 그 보고픔이
그 그리움이 마침내 눈물이 되면
그땐 비로소 그리움이 향기가 된다.

그리움의 향기는
혼자 사랑하는 마음처럼

꼭 그리워하는 누군가에게
전해지지 않아도 좋다.

그리움의 향기는
별처럼 내 가슴속에만
꼭꼭 숨어 있어
나만이 느낄 수 있는
은밀한 사랑이다.

늦가을 낙엽은 지고

찬비가 세차게 내리더니
늦가을 낙엽은 지고
마지막 남은 잎새 마저
다 떨군 나무는
일 년 동안 가꾸어온
삶의 무게를 다 벗어던졌구나.

이리저리
발밑에 구르는 낙엽은
누군가 이승에 벗어놓고 간
햇살 한 줌
그리움 한 줌
슬픔 한 줌
추억 한 줌

제 8 부

2008년 목포해양대학교 해양시비공원건립시비

겨울 바다

한 겨울 바다를 그리워하는 일은
시린 가슴 언저리에 외로움이
눈물처럼 고여 있기 때문이다.
어느 날 문득 일상을 접고
겨울 바다에 가고 싶다.
눈이 제 아무리
펑펑 쏟아져 내려도 내리는 족족
눈은 결국 흔적도 없이
사라지고 마는 겨울 바다.
이 세상에 내려와
일순간에 사라지고 마는 눈꽃송이를
하염없이 바라다보면
하늘과 바다와 내가 하나 된다.
어느 게 바다이고
어느 게 하늘인지 분간하기조차 어렵다.
눈이 내리는 겨울 바다에 가면
사람이 하는 일들이
얼마나 부질없고 하찮은 것인지
깨닫게 된다.

국립목포해양대학교 교정 남낙현 시비 전경(아내 김종호 여사)

제 9 부

교가 작사

세종 누리학교 교가

1. 온 누리에 비추는 눈부신 햇살
   슬기를 펼쳐가는 배움의 터전
   저마다 꿈과 희망 가슴에 안고
   꿋꿋하게 자라나자 세종누리학교

2. 사철 푸른 소나무 우거진 숲속
   손에 손 마주 잡고 서로 도우며
   자애로운 가르치심 배우고 익혀
   다함께 나아가자 세종누리학교

세종누리학교 교가
작사 남낙현
작곡 원선희
F C/E Dm F/C Gm7 G/B C
온 누 리 에 비 추 는 눈 부 신 햇 살
사 철 푸 른 소 나 무 우 거 진 숲 속
5
F B♭ F/A Gm7 B♭/C C F
슬 기 를 펼 쳐 가 는 배 움 의 터 전
손 에 손 마 주 잡 고 서 로 도 우 며
9
C A/C♯ Dm7 C/E F G G/B C
저 - 마 다 꿈 과 희 망 가 슴 에 안 고
자 애 로 운 가 르 치 심 배 우 고 익 혀
13
B♭ F/A Gm7 F/A Gm7 B♭/C C F
꿋 꿋 하 게 자 라 나 는 세 종 누 리 학 교
다 - 함 께 나 아 가 자 세 종 누 리 학 교

세종 나래초등학교 교가

1. 세종대왕 정신이 서린 배움의 터전
   슬기롭고 씩씩하게 나래를 펼치며
   새시대를 이끌어 갈 기둥이 되어
   세계로 나아가자 나래 어린이

2. 금강물 흘러 흘러 바다로 가듯
   다함께 힘을 모아 꿈을 펼치며
   나와 내가 손을 잡고 하나가 되어
   미래로 나아가자 나래 어린이

나래초등학교 교가
남낙현 작사
허만호 작곡
보통 빠르게 ♩= 112
세 종 대 왕 정 신__ 이 서 린 배 움 의 터 전
금__ 강 을 흘 러 흘 러 바 다 로__ 가__ 듯
슬 기 롭 고 씩 씩 하 게 나 래 를 펼 치 며
다 함__ 께 힘 을 모 아 꿈 을__ 펼 치 며
새 시 대 를 이 끌 어__ 갈 기 둥 이 되 어
너 와 내 가 손 을 잡__ 고 하 나 가 되 어
세 계__ 로 나 아 가 자 나 래__ 어 린 이
미 래__ 로 나 아 가 자 나 래__ 어 린 이

세종 으뜸초등학교 교가

1. 금강 물 구비치는 맑은 들판에
드넓고 높은 기상 닦아가는 곳
푸르른 꿈 바른 생각 키워가면서
겨레의 기둥 되자 으뜸 어린이

2. 새 역사 시작되는 우리 세종시
미래로 세계로 큰 뜻을 품고
저마다의 재능을 갈고 닦아서
미래의 새싹 되자 으뜸 어린이

세종 으뜸초등학교 교가
작사 남낙현
작곡 이경회
금 -강 물 구 비치 는 - 맑 은들 판 에
새 -역 사 시 작되 는 - 우 리세 종 시
5
드 -넓 고 높 은기 상 - 닭 아가 는 - 곳
미 -래 로 세 -계 로 - 큰 뜻을 품 - 고
9
푸 르른 꿈 - 바 른생 각 - 키 워 가 면 서
저 마다 의 - 재 -능 을 - 갈 고 닦 아 서
13
겨 -레 에 기 둥되 자 - 으 뜸어 린 - 이
미 -래 의 새 싹되 자 - 으 뜸어 린 - 이

세종 새뜸초등학교 교가

1. 금강에 반짝이는 찬란한 햇살
저마다의 가슴에 큰희망 품으며
즐겁게 배워가며 바르게 자라
세계를 향해가는 새뜸새뜸어린이 새뜸

2. 장군봉 우뚝 솟은 드넓은 터전
저마다의 가슴에 푸른 꿈 키우며
힘-써 익히며 올곧게 자라
미래를 열어가는 새뜸새뜸어린이 새뜸

세종 새뜸초등학교 교가

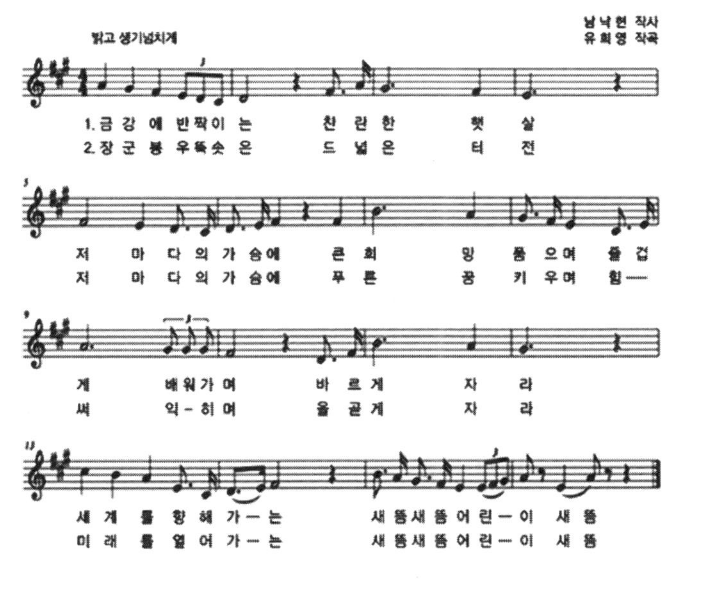

밝고 생기넘치게
남낙현 작사
유희영 작곡
1. 금 강 에 반 짝 이 는 찬 란 한 햇 살
2. 장 군 봉 우 뚝 솟 은 드 넓 은 터 전
저 마 다 의 가 슴 에 큰 희 망 품 으 며 즐 겁
저 마 다 의 가 슴 에 푸 른 꿈 키 우 며 힘 —
게 배 워 가 며 바 르 게 자 라
써 익 - 히 며 올 곧 게 자 라
세 계 를 향 해 가 — 는 새 뜸 새 뜸 어 린 — 이 새 뜸
미 래 를 열 어 가 — 는 새 뜸 새 뜸 어 린 — 이 새 뜸

| 저자 약력 |

1956년 충남 부여 출생
부여 성북초, 임천중 졸업
공주고, 공주교대 국어교육과 졸업
방송대 행정학과. 원광대 교육대학원 졸업
세종특별자치시 조치원대동초 교감, 조치원신봉초 교감
현재 세종특별자치시 쌍류초등학교 교장

* 저서 : 시집(10권)

제1 시집 1989년 강을 사이에 두고(대교출판사)
제2 시집 1990년 거꾸로 세상(대교출판사)
제3 시집 1998년 우린 사랑 안에서 하나가 된다(도서출판YCK)
제4 시집 2000년 커피향 같은 사랑(도서출판YCK)
제5 시집 2004년 가랑잎 편지(오늘의문학사)
제6 시집 2006년 바람에게 길을 묻다(오늘의문학사)
제7 시집 2008년 눈물보다 아름다운 것(책나무출판사)
제8 시집 2014년 바다를 읽는 시간(오늘의문학사)
제9 시집 2014년 운명처럼 다가 온 그대(마음세상)
제10 시집 2018년 인생 다 거기가 거기(오늘의문학사)

* 저서 : 동화집/논리책 (6권)

1994년 기쁨 찾은 금빛동전(동아출판사)
1994년 논리주머니생각주머니(웅지교육)
논리주머니쓰기주머니(웅지교육)
1998년 생각이 열리는 나무(대교출판사)
2000년 양재천 너구리를 찾아라 (한국서적공사)
2006년 홀로 떠나는 생각여행(오늘의문학사)

* 문학관련 수상

1989년 동양문학 신인상 시 〈금강〉 당선
1990년 대전일보 신춘문예 동시〈고드름〉 당선
한국어린이육영회 동화 당선
한국녹색교육협회 장편동화 대상 당선
한국교육신문 교육표어 최우수 당선
동아일보 환경지도 우수상 당선
대전일보 문학상. 녹색문학상 본상. 대전문학상
환경부 추천 우수작가

* 표창(도 단위 이상)

보이스카우트 충남연맹장 표창
공주교육대학교 총장 표창 6회(문예지도 5회/5년 근속)
충청남도교육감 표창 9회(문예지도 5회/과학지도 4회)
충청남도도지사 표창 2회(독후감지도)
세종시교육감 표창(문예지도)
대전예술인총연합회장 표창(문학활동)
대전일보 사장 표창(강사활동)
한국교원단체총연합회장 표창(창의 · 인성지도)
금강환경관리청장 표창(환경지도)
문화체육관광부장관 표창(체육지도)
환경부장관 표창(환경지도)
대통령 표창(학교경영)

* 각종 자격 취득

중등학교 '일반사회' (정치, 경제) 2급 정교사
대한육상경기연맹 2급,3급 공인 심판
독서지도사
독서논술지도사
영재교육지도사

* 강사/심사위원 경력

대교 눈높이 글짓기 강사
대전교육연수원 인문학 강사
대전서구청 청소년독서교실 강사
대전서부교육청 〈작가와의 만남〉 지정 강사
문학예술사이버대학 교수
대전일보 문화센터 가족문예 강사
전국시낭송대회 심사위원
전국종별육상선수권대회 공인 심판
충청남도 국어과 직무연수 강사
충청남도 논술OK 첨삭지도위원
충청남도 학부모교실 강사
충청남도 학생백일장 심사위원
충청남도 독후감대회 심사위원
한밭전국백일장 심사위원
한국교육신문 정책 모니터
교육과학기술부 교원 모니터

* 문단/논술 관련 활동 경력

대전일보 신춘문예 심사위원
계간 〈문학광장〉〈시와창작〉 신인상 심사위원
계간 〈한국문학예술〉 편집이사
충청남도 논술교육연구회 회장(충남교육청 공인)
세종시 논술교육연구회 회장(세종교육청 공인)
대전 서구문학회 회장
석순문학동인회 회장
대일문인협회 회장
한국문인협회 대전광역시지회 감사
문학사랑협의회 회원
한국문인협회 회원